A. HOVELACQUE

OBSERVATIONS

SUR

UN PASSAGE D'HÉRODOTE

CONCERNANT CERTAINES INSTITUTIONS PERSES

PARIS

MAISONNEUVE & Cie, LIBRAIRES-ÉDITEURS

15, QUAI VOLTAIRE, 15

1875

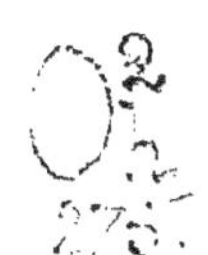

ORLÉANS, IMPRIMERIE DE G. JACOB, CLOÎTRE SAINT-ÉTIENNE, 4.

OBSERVATIONS SUR UN PASSAGE D'HÉRODOTE

Ce fragment comprend les paragraphes 131-140 du livre premier des *Histoires* d'Hérodote. Les auteurs qui ont écrit récemment sur l'antiquité éranienne (entre autres Windischmann, MM. Spiegel, Oppert, Rapp), ont maintes fois recouru à cette source. Nous l'examinerons ici en son ensemble, dans le dessein d'en faciliter l'intelligence aux personnes peu au courant des études éraniennes. Nos références s'adresseront spécialement aux documents perses gravés par les Darius, par Xerxès et par les Artaxerxès, ainsi qu'aux différents textes de l'Avesta. — On peut, d'ailleurs, consulter aussi sur tout ce passage, en général : Ad. Rapp, *Die religion und sitte der Perser und übrigen Iranier nach den griechischen und rœmischen quellen*, ZDMG. xix, 1 ss.

(131). — Les Perses, à ma connaissance, possèdent les institutions que voici : ils tiennent pour illégitime l'édification de statues, de temples et d'autels ; ceux qui en élèvent sont à leurs yeux des insensés ; ils estiment en effet, me semble-t-il, ainsi que les Grecs, que les dieux n'ont pas une nature et une forme telles que celles des hommes. Ils ont coutume de sacrifier à Zeus sur le haut des montagnes, donnant le nom de Zeus à l'ensemble de la circonférence céleste. Ils sacrifient également au soleil, à la lune, à la terre, au feu, à l'eau, aux vents.

Voilà les seules divinités auxquelles ils sacrifient dès les temps anciens (ἀρχῆθεν); mais dans la suite ils ajoutèrent le culte d'Uranie, d'après l'enseignement des Assyriens et des Arabes. Aphroditè est appelée Mylitta par les Assyriens, Alitta par les Arabes, Mitra par les Perses.

« Ils tiennent pour contraire à la loi l'édification de statues, de temples et d'autels ». C'était là une conséquence de leur naturalisme très-exclusif. Il est vrai que l'on rencontre dans l'éranisme plus récent ce que l'on a appelé des « temples du feu »; mais il ne faut y voir en aucune façon ce que l'on entend d'habitude par un temple : ce « temple du feu », en zend *dâityô gâtus* (nominat. sing.), n'est qu'un abri plus ou moins vaste pour les opérations du culte du feu (1). Que ce simple abri primitif soit devenu par la suite un temple réel, un véritable édifice, cela n'a rien que de compréhensible, mais il n'en est pas moins avéré que le plus ancien éranisme n'admettait pas ces constructions et les condamnait chez les autres nations (2). La raison qu'en donne Hérodote est excellente : « Ils ne pensent pas que les dieux aient forme humaine ». L'anthropomorphisme, en effet, n'est que bien tardif dans l'histoire de la culture éranienne. — Au surplus, l'assertion d'Hérodote se confirme à trois ou quatre reprises différentes, dans le cours de son histoire, par des exemples

(1) L'adjectif *dâitya* signifie « relatif à la loi »; il vient de *dâta*, n., loi, précepte, en vieux perse *dâta*, n. — Le subst. zend *gâtu*, m., lieu, maison, est en vieux perse *gâthu*, lieu, place, trône; c'est le sk. *gâtu*, m., lieu, espace libre (entre autres sens).

(2) Il n'est pas hors de propos, sans doute, de rappeler ici ce que le même auteur dit des Scythes : ἀγάλματα δε καὶ βωμοὺς καὶ νηοὺς οὐ νομίζουσι ποιέειν πλὴν Ἀρεϊ, « ils n'ont coutume d'ériger des statues, des autels, des temples qu'à Arès seul » (livre IV, 59).

frappants. Ainsi, aux livres vi-9, v-102, viii-109, vii-8, nous trouvons des témoignages non douteux du zèle apporté par les Éraniens dans la destruction des temples et images sacrées de leurs ennemis (1). En somme, la garantie, la facilité que donnait aux pratiques de la vénération du feu la construction d'un abri quelconque (2), est une introduction relativement tardive.

En ce qui concerne l'assertion que les Perses ont coutume « de rendre les honneurs sacrés à Jupiter sur le sommet des montagnes, et qu'ils donnent à l'ensemble de la voûte céleste le nom de Jupiter » (cf. Strabon, xv), nous renvoyons le lecteur au mémoire publié dans la Revue de linguistique, iv-20, par M. Spiegel, sous le titre de : « *Thwâṣa*, dieu de l'espace céleste ».

D'après Hérodote, les seules divinités éraniennes antiques auraient été le soleil, la lune, la terre, le feu, l'eau, les vents. Ce furent là, évidemment, les premiers fétiches, non seulement des Éraniens, mais encore de l'humanité

(1) Nous lisons dans Polybe qu'Alexandre épargna les lieux sacrés des Perses, bien que ceux-ci eussent fait en Grèce tout le contraire : τῶν δὲ τοῖς θεοῖς κατεπιπεφημισμένων πάντων ἀπέσχετο· καίπερ τῶν Περσῶν μάλιστα περὶ τοῦτο τὸ μέρος ἐξαμαρτόντων ἐν τοῖς κατὰ τὴν Ἑλλάδα τόποις (v, 10). — Maxime de Tyr les accuse également d'une façon très-formelle : *Dissert.* viii, 4, *in fine.* — Dans Diodore de Sicile, nous lisons que Xerxès envoya des troupes à Delphes pour incendier le temple d'Apollon : καὶ προσέταξεν εἰς Δελφοὺς ἰέναι, καὶ τὸ μὲν τέμενος τοῦ Ἀπόλλωνος ἐμπρῆσαι, τὰ δὲ ἀναθήματα συλῆσαι, « il leur manda de se rendre à Delphes, d'incendier le temple d'Apollon et de s'emparer de ses richesses » (xi, 14). Dans ce même auteur, nous lisons le récit du respect des Perses pour un certain temple, au milieu de leur saccage des autres lieux sacrés (v, 63).

(2) Cf. Rhode, *Die heilige sage und das gesammte religionssyst. der Baktrer, Meder u. Perser* (1820), p. 471.

presque tout entière. Le fait curieux, c'est la perpétuation chez les Éraniens de cette religion fétichique. Le culte du feu est notamment celui qui frappe les yeux le plus vivement dans la lecture de l'Avesta ; le Yaçna principalement est rempli de formules de dévotion à cet élément (i-6-38, ii-18-48, iii-26-52, xvii-20-62). Le chapitre lxi de ce livre est consacré tout entier à son honneur (1). Nous voyons ailleurs que des hommages sont rendus à certains feux sur des montagnes : il y a là, sans doute, un rapprochement important à faire avec le passage où Hérodote parle des honneurs rendus à Zeus sur le sommet des monts

(1) Voici traduite exactement et sans changement aucun la version allemande de M. Spiegel :

« O feu, fils d'Ahura Mazdâ ! je te promets solennellement sacrifice
« et honneur, bonne nourriture, heureuse nourriture, nourriture se-
« courable. Il faut t'offrir des sacrifices, t'honorer, il faut [constam-
« ment] te pourvoir de sacrifices et d'honneur dans les demeures des
« hommes. Salut à l'homme qui t'offre constamment des sacrifices,
« tenant en sa main le bois à brûler, le bareçma, la viande, le mor-
« tier. Puisses-tu recevoir constamment du bois à brûler convenable,
« un parfum convenable, une nourriture convenable, un convenable
« entretien. Puisses-tu, ô feu, fils d'Ahura Mazdâ ! être nourri par les
« hommes majeurs, par ceux qui s'acquittent des fonctions de la prière.
« Puisses-tu brûler dans cette demeure, puisses-tu toujours brûler
« dans cette demeure, puisses-tu te trouver en éclat dans cette de-
« meure, puisses-tu te trouver en accroissement dans cette demeure
« pendant la longue période (les 12,000 ans du monde) jusqu'à la
« résurrection complète, la bonne résurrection complète. O feu, fils
« d'Ahura Mazdâ ! donne-moi rapidement éclat, nourriture, vie, beau-
« coup d'éclat, de nourriture, de vie, une grande sainteté, dextérité
« de langue, sens et entendement pour l'âme, qui s'accroît ensuite et
« ne diminue pas, puis courage viril, vivacité, veille durant le tiers
« de la nuit, marche facile, vigilance, descendance céleste bien
« nourrie, qui forme un cercle, se réunisse, s'augmente avec persé-
« vérance, pure de fautes et virile, qui me puisse aider dans la maison,

(ἐπὶ τὰ ὑψηλότατα τῶν οὐρέων ἀναϐαίνοντες... I, 131); voyez dans le Sîroza, I-9, II-9, et le chapitre XVII du Bundehesh. — Hérodote, d'ailleurs, parle encore, en un autre passage, de la vénération des Perses pour le feu : Πέρσαι γὰρ θεὸν νομίζουσι εἶναι τὸ πῦρ, etenim Persae deum habent ignem. — Comparez également Lucien dans son *Zeus tragôdos*, XLIV, 42 (1).

La vénération du vent n'occupe pas une moindre place que celle du feu. Hérodote la mentionne très-judicieusement : θύουσι δὲ..... ἀνέμοισι. Et ce n'est pas avec moins d'exactitude qu'il se sert du mot au pluriel, car il importe

« dans le clan, dans l'association fédérale, dans la province, dans la
« contrée. Donne-moi, ô feu, fils d'Ahura Mazdâ! ce qui m'enseigne
« maintenant et pour tous les temps sur le lieu excellent de la pureté,
« brillant, tout à fait brillant. Puissé-je obtenir bonne récompense,
« bonne renommée, bon salut pour l'âme! » etc., etc. — Plusieurs passages de cette version prêtent peut-être matière à disputation, mais l'ensemble donne une assez bonne idée générale.

(1) Voici un passage d'Appien qui n'est pas non plus sans intérêt :
« Le roi [Mithridate] ayant chassé de Cappadoce toutes les troupes de
« Murèna, sacrifia, selon la coutume du pays, à Zeus Stratios. Sur le
« sommet d'une montagne on entasse une grande masse de bois; les
« rois y apportent les premiers morceaux. Autour de cet amas l'on en
« forme un autre moins considérable; sur le plus élevé l'on porte du
« lait, du vin, de l'huile et toute sorte d'aromates, puis, sur le plus
« petit, du pain et de la viande pour les assistants (tel est également
« le genre de sacrifice que font, à Pasargade, les rois perses). On
« allume le bois. La grandeur de l'incendie le fait apercevoir de mille
« stades en mer. Pendant plusieurs jours, dit-on, l'on ne peut appro-
« cher à cause de la chaleur de l'air ». *Rômaikôn Mithridateios*, LXVI.
On remarquera ici encore ces mots : ἐπὶ ὄρους ὑψηλοῦ, in excelsi mon-
tis cacumine.

Maxime de Tyr a un passage également curieux : « Les Perses sacri-
« fient au feu, lui fournissent l'aliment convenable et disent : Mange,
« ô seigneur feu ! » πῦρ δέσποτα, ἔσθιε ! (*Dissert.* VIII, 4.)

de faire la distinction dans l'Avesta entre le vent proprement dit et l'air. Le vent est vénéré en baktrien sous le nom de *vâta*, m. (sk. *vâta*), et l'air sous celui de *vayu* (sk. *vâyu*). C'est à ce dernier que s'adresse le Râm yast :

« O air ! chez les chevaux, chez les hommes, chez tous,
« tu chasses les hésitations.... dans les lieux les plus bas,
« dans les ténèbres de mille obscurités l'air vient à qui
« l'appelle. Avec quel sacrifice t'honorerai-je, te louerai-je,
« t'engagerai-je ? L'air est plus rapide, plus alerte, plus
« robuste, plus propre au combat, pourvu de pieds plus
« hauts, d'une poitrine plus large, de plus larges hanches,
« d'un visage plus tranchant que les autres dominateurs
« qui dominent avec la toute-puissance, etc. » (Version de M. Spiegel) (1).

En ce qui touche le soleil, Hérodote ne se trompe pas davantage. En baktrien son nom est *hvare* (sk. *svar*, indécl., mais avec le sens de « ciel »). La composition *hvarekhsaêta*, — précisée par l'adjectif *khsaêta* « brillant », est, bien entendu, plus récente. Dans Xénophon, le récit de la mort de Cyrus fait allusion d'une façon très-expresse au culte solaire : « C'est pourquoi, ayant pris des victimes, il sa-
« crifia à Zeus patrôos, au soleil et aux autres divinités,
« sur le sommet des monts, selon la coutume perse, et il
« pria en ces termes : O Zeus patrôos, ô soleil, ô tous les
« dieux... » (εὐθὺς οὖν λαβὼν ἱερεῖα ἔθυε Διί τε πατρῴῳ καὶ ἡλίῳ καὶ τοῖς ἄλλοις θεοῖς ἐπὶ τῶν ἄκρων, ὡς Πέρσαι θύουσι...) *Cyropédie* VIII, chap. VII.

En ce qui concerne l'eau, l'Avesta en parle maintes

______

(1) Au livre VII, paragr. 191, Hérodote relate un sacrifice, mêlé d'incantations, offert au vent par les mages.

fois comme moyen de purification. Le Yaçna l'honore nommément à plusieurs reprises, i-22, iii-53, xxxviii-7, lxvii-15 : « Nous honorons toutes les eaux, celles qui sont « sur la terre, stagnantes, coulantes, les eaux des gouffres, « les eaux des fleuves... » Spiegel, II, p. 197.

Les invocations à la terre ne font pas défaut davantage dans le Yaçna, i-45, ii-59, iii-59, xvii-39, lxiv-46, lxx-42. Dans Xénophon nous trouvons Cyrus sacrifiant à la terre : γῆν ἱλάσκετο χοαῖς, (*Cyrop.* III, chap. iii) ; ἔθυσαν τῷ Διὶ καὶ ὡλοκαύτωσαν τοὺς ταύρους, ἔπειτα τῷ ἡλίῳ καὶ ὡλοκαύτωσαν τοὺς ἵππους· ἔπειτα γῇ.... (*Ibid.* VII, chap. iii).

Hérodote ajoute qu'à la suite du culte primitif à Zeus, au soleil, aux vents, etc., les Perses joignirent le culte à Uranie : ἐπιμεμαθήκασι δὲ καὶ τῇ Οὐρανίῃ. Qu'entend-t-il par Uranie? Manifestement Aphroditè. Cette dénomination est assez courante : Hésiode nous enseigne qu'Aphroditè naquit des parties mâles de Οὐρανός, lesquelles nageaient dans la mer (*Théogonie,* 190 ss). La dérivation grammaticale est fort rigoureuse. Du reste, Hérodote lui-même nous dit clairement que cette Uranie n'est autre qu'Aphroditè, en ajoutant : « Les Assyriens donnent à Aphroditè « le nom de Mylitta, les Arabes celui de Alitta, les Perses « celui de Mitra ». Voyez également Lucien, *Etairikoi dialogoi,* 5-7. Cf. Kleuker, *Anhang zum Zend-Av.,* ii, trois. part., 15. — Ce qu'il y a d'intéressant, c'est de savoir quels rapports trouvaient les Grecs entre l'éranien Mithra (zend *Mithra,* vieux perse *Mithra*) et Aphroditè. Windischmann, de si regrettable mémoire, est d'avis, dans son Traité sur Mithra (1), que sous ce nom de Mithra, Hérodote

____

(1) Mithra. *Ein beitrag zur mythengeschichte des orients,* Leipzig, 1857.

entend Anâhita (zend *Anâhita*, vieux perse *Anahata*). Cette déesse éranienne des eaux célestes était mise en parallèle par l'antiquité classique, non seulement avec Artémis, mais bien encore avec Aphroditè; Windischmann donne là-dessus de fort intéressants renseignements (1) auxquels le lecteur fera bien de se reporter. Au surplus, une observation que nous ne croyons pas dénuée de justesse, et que nous n'avons trouvée ni dans Windischmann, ni ailleurs, peut ressortir de la lecture des textes en vieux perse. Nous trouvons le nom *Anahata* trois fois reproduit dans la langue perse. Une fois par Artaxerxès Ochus : « Le « roi Artakhsatrâ dit : Que Auramazdâ et le dieu Mithra « me protègent... » Deux autres fois, et à quelques mots de distance, par Artaxerxès Mnemon. Or, dans ce double passage, le nom de Anahata est manifestement associé à celui de Mithra. Nous. sommes donc porté à conclure à une circonstance très-atténuante de la confusion faite par Hérodote.

(132). — Voici de quelle façon les Perses sacrifient aux dieux. Ils n'érigent point d'autel et n'allument pas de feu ; ils ne font point usage de libations, d'instruments à vent, de gâteaux, de grains moulus. Lorsque l'on veut sacrifier à quelqu'un des dieux, l'on amène une victime dans un lieu pur, et, la tête coiffée d'une tiare couronnée en abondance de myrte, on invoque le dieu. Il est défendu au sacrifiant d'invoquer en son seul bénéfice ; il faut prier pour l'intérêt de tous les Perses et pour le roi : l'on est compris, en effet, au nombre de tous les Perses. La victime étant disséquée en petits morceaux et la viande cuite, l'on étend un tapis d'herbes très-tendres, spécialement de trèfle,

(1) Dans son traité *Die persische Anahita oder Anaïtis*, Mün-chen, 1856. — Diodore de Sicile nous dit expressément que les Perses honoraient Artémis (v, 77).

et l'on y dépose toutes les viandes. Alors un mage se présente, entonne une théogonie (c'est ainsi qu'ils dénomment une incantation); car ils ne peuvent sacrifier sans un mage. Peu après, le sacrifiant enlève les chairs et en fait ce que bon lui semble.

Ce qui, dans ce paragraphe, attire tout d'abord l'attention, c'est la contradiction apparente entre ces mots : οὔτε πῦρ ἀνακαίουσι μέλλοντες θύειν « nec ignem accendunt sacra facturi », et ceux-ci : ἐψήση τὰ κρέα « carnes elixavit ». Si nous ne nous trompons, l'explication de cette espèce d'inconséquence se trouve dans la différence entre le feu des laïques et celui des prêtres. La littérature des Perses nous fournit d'amples renseignements sur les diverses sortes de feux. On en trouvera l'exposé dans la préface du second et du troisième volume de la traduction de l'Avesta par M. Spiegel, spécialement t. II, p. LXX, et t. III, p. XIV. Consultez également le chap. XXVII du Bundehesh, et le travail de Hammer dans les *Jahrbücher der literatur* (Wien), t. IX, x. Qu'il suffise de donner sans plus de détail ces indications, ainsi que la supposition, sans doute acceptable, que nous émettons.

Il ne faudrait pas conclure, d'autre part, des mots οὐ σπονδῇ χρέονται que les libations fussent inconnues aux Éraniens. Loin de là! Dans Hérodote même nous trouvons le récit de libations faites par Xerxès : *oriente sole, ex aurea phialina* (σπένδων ἐκ χρυσέης φιάλης) *libamina Xerxes fudit in mare, et ad solem conversus precatus est....* VII, 54; et plus loin : ἐπεὶ ἡλίου ἀνατείλαντος σπονδὰς ἐποιήσατο, *orto sole, Xerxes libamina fecit.* — Nous connaissons, d'ailleurs, par l'Avesta (voyez notamment le XIe chap. du Yaçna) la cérémonie de la boisson du Haoma (sk. *sôma, — asclepias acida*) durant les sacrifices.

Les mots οὐχὶ αὐλῷ [χρέονται] sont également difficiles à interpréter. L'antiquité éranienne devait user d'instruments de musique dans les sacrifices tout aussi bien que le parsisme moderne. M. Spiegel donne au troisième volume de sa version de l'Avesta, p. LXXIV, une description desdits instruments : la flûte à quinze petits trous, le tambour, etc.

Sur l'importance de la pureté et de la purification des lieux (ἐς χῶρον καθαρὸν, in locum mundum), l'Avesta revient maintes et maintes fois. C'était là un des plus grand soucis de la religion éranienne, et il n'est nullement surprenant d'en trouver chez Hérodote la mention dont il s'agit. Tout le cinquième chapitre de l'introduction au second volume de la version de l'Avesta par M. Spiegel (pp. LXXXIII à XCVI) est consacré à l'étude de la purification chez les Perses. L'impureté se communique, dans leur croyance, sans participation volontaire de qui la contracte ; elle s'étend, elle se propage comme une maladie contagieuse. Certaines purifications peuvent être menées à bonne fin par les laïques eux-mêmes; pour d'autres il faut le concours d'un prêtre ; le purificateur reçoit dans l'Avesta le nom de *yaoždâthrya* (d'après *yaoždâthra*, n., moyen de purification), parfois celui de *yaoždâtar* (Mihr-yast, 92). La purification se fait soit avec de l'eau, soit avec de l'urine de vache, soit avec de la terre. Nous trouvons, dans le Vendidad, chap. VIII, une longue description de la purification à suivre par ceux qui ont approché un mort. Le chap. XI du même livre traite spécialement de la purification des habitations, du feu, de l'eau, de la terre, des arbres, etc.

Par les mots μάγος ἀνὴρ παρεστεὼς, vir magnus astans, l'historien entend le prêtre préposé à la cérémonie. L'Avesta ne lui donne pas la dénomination de « mage », mais bien uniquement celle de *âtharvan*, nom qui, d'après l'étymologie, s'applique spécialement au prêtre du feu, mais que l'usage avait étendu d'une façon générale (zend *âtar*, — m., feu; cf. sk. *atharvan*, — prêtre d'Agni et de Sôma). Le nom de « mages » est une application commune et peu exacte faite par les Grecs; en réalité, c'est le nom d'une famille sacerdotale des Éraniens de l'ouest. Consultez Spiegel, Erân das land zwischen dem Indus und Tigris, p. 59.

En ce qui concerne les incantations éraniennes, nous trouvons dans Lucien un passage confirmatif. Voici la traduction de Dindorf : « Implorare auxilium cujusdam magorum Zoroastris discipulorum et successorum : fama « autem cognoveram eos incantationibus et sacris qui- « busdam aperire orci fores (ἐπῳδαῖς τε καὶ τελεταῖς) », *Nécyomantie*, XI. — Ces incantations ne sont autres que le récit de tel ou tel morceau de l'Avesta. Outre certains fragments généraux et communs, tels notamment que la courte prière (mais si difficile à comprendre!) *yathâ ahû vairyô* (1), l'Avesta contient des pièces à réciter en diverses occasions précises.

(133). — Les Perses ont surtout coutume de célébrer le jour anniversaire de naissance. Ce jour-là, ils dressent un festin plus copieux

____

(1) Plusieurs traductions en ont été tentées avec un succès plus ou moins heureux. Sans parler de la version en sanskrit de Nériosengh et de la relation d'Anquetil, nous avons les traductions de MM. Oppert (l'*Honover*, le verbe créateur de Zoroastre), Spiegel (trad. de l'Avesta, III, 3, et *Comment.*, II, 467), Justi (*Handbuch*, 258), Kossowicz (troisième version, *Zarathustricae Gâthae posteriores tres*, p. 71), Roth, *ZDMG* (t. XXV, 20). Cf. *Revue de linguistique*, t. IV, 317.

que les autres jours, et les heureux d'entre eux servent un bœuf, un cheval, un chameau ou un âne entier cuit dans des fours (ἐν καμίνοισι) ; les indigents les autres bestiaux (τὰ λεπτὰ τῶν προβάτων). Ils usent de peu de farineux, mais de beaucoup de desserts successifs.... Ils s'adonnent largement au vin, et il ne leur est permis ni de vomir ni d'uriner en présence de quelqu'un.... En même temps qu'ils se livrent à la boisson, ils ont coutume de délibérer sur les affaires les plus sérieuses. Ce qui dans ces délibérations leur a agréé, le maître du logis où a été tenue leur réunion le leur propose le lendemain, alors qu'ils se trouvent à jeun. Si, en cet état, le parti leur plaît encore, ils le mettent à exécution ; sinon ils l'abandonnent. Par contre, ils répètent, en se livrant à la boisson, les délibérations prises à jeun.

Au sujet des fêtes du jour anniversaire de naissance, le même Hérodote donne plus loin, au livre IX de ses *Histoires*, de nouveaux détails. Les voici, texte et version Dindorf :

.... Φυλάξασα δὲ τὸν ἄνδρα τὸν ἑωυτῆς Ξέρξεα βασιλήιον δεῖπνον προτιθέμενον (τοῦτο δὲ τὸ δεῖπνον παρασκευάζεται ἅπαξ τοῦ ἐνιαυτοῦ, ἐν ἡμέρῃ τῇ ἐγένετο βασιλεύς· οὔνομα δὲ τῷ δείπνῳ τούτῳ περσιστὶ μὲν τυκτά, κατὰ δὲ τὴν Ἑλλήνων γλῶσσαν τέλειον· τότε καὶ τὴν κεφαλὴν σμᾶται μοῦνον βασιλεὺς, καὶ Πέρσας δωρέεται), ταύτην δὴ τὴν ἡμέρην φυλάξασα ἡ Ἄμηστρις χρηίζει τοῦ Ξέρξεω δοθῆναί οἱ τὴν Μασίστεω γυναῖκα.

.... Itaque diem observavit, quo maritus ipsius Xerxes regiam cenam erat propositurus : (paratur autem haec regia cena semel quotannis, natali regis die ; et persico sermone *tycta* dicitur, quod Graecorum lingua τέλειον, id est perfectum, significat. Quo etiam die tantum rex sibi caput smegmate detergit, et munera dat Persis) : hoc igitur observato die Amestris petiit a Xerxe ut sibi traderetur uxor Masistae.

Pour en revenir au passage qui nous occupe directement, ajoutons que nous avons vainement cherché dans les documents de l'ancien éranisme une trace quelconque de la célébration spéciale du jour natal anniversaire; mais cela n'infirme en rien l'assertion d'Hérodote, les vieux fragments perses et baktriens ne nous étant arrivés qu'en bien faible part (1).

.... καὶ κάμηλον καὶ ὄνον.... Le chameau (zend *ustra*, sk. *uṣṭra*) est cité à plusieurs reprises dans l'Avesta. Dans le vingt-deuxième chapitre du Vendidad, nous trouvons à deux reprises (10-42) l'offre à la divine Çaoka de chameaux « rapides et à fortes bosses ». Au quarante-quatrième chapitre du Yaçna, nous voyons l'offre d'un chameau à Ahura Mazdâ : Kossowicz, Gàtha Ustavaiti, p. 51 (2).

En ce qui touche l'âne (zend *khara*, — sk. *khara* ; — puis zend *kathwa*), tout ce qui le concerne, dans l'Avesta, est beaucoup moins éclairci (3).

Nous avons traduit par « desserts » le mot ἐπιφορήμασι. C'est bien là, nous semble-t-il, le véritable sens que possède ce mot grec. Il est aisé, au surplus, d'entendre sous la dénomination de « desserts » les services successifs.

Οἴνῳ δὲ κάρτα προσκέαται. A ce sujet, nous pouvons rappeler le passage de Maxime de Tyr : « Deliberare in con-

____

(1) Dans Xénophon (I, 3), Cyrus dit à Astyage : « Lorsque, le jour « anniversaire de ta naissance, tu donnas un festin à tes amis ». (Cf., d'ailleurs, Brisson, *De regio Persar. princip.*, I, 42, 89).

(2) « Ctésias rapporte dans son dixième livre sur les Perses (ἐν τῇ « δεκάτῃ Περσικῶν) qu'il y a dans le pays des chameaux dont les poils « sont aussi souples que les laines de Milet ; les vêtements que portent « les prêtres et autres grands sont faits avec ces poils » (*Hist. merv. d'Apol.*, XX).

(3) Nous lisons dans Xénophon (II, 4) : « Et ils prirent nombre de « sangliers, de cerfs, de biches et d'ânes sauvages, car il y a beau- « coup d'ânes maintenant encore en cette contrée ». Vers la frontière arménienne.

« viviis Persae (εἰς τὰς εὐωχίας), sicut in concionibus
« Athenienses, solebant ; et erant magis seria apud Persas
« convivia, quam apud Athenienses comitia : quum enim
« illorum lex ebrietatem vindicaret, virtutem eorum lautis
« epulis incitabat, ut oleum flammam, et moderate irri-
« gabat animos, ut nec ardorem eorum penitus restingueret
« nec ultra tamen quam necesse esset accenderet ». Édit.
Dübner, *Dissertat.* xxviii. Ce passage, outre l'indication
d'une pénalité contre l'ivresse, concorde d'ailleurs avec les
dernières lignes du paragraphe d'Hérodote qui nous occupe en ce moment, μεθύσκομενοι δὲ ἐώθασι βουλεύεσται.... D'autre
part, s'il existait des lois contre l'ivresse, c'est qu'évidemment ces sortes de cas se présentaient plus ou moins sou-
vent. Et à ce sujet nous avons en mémoire le passage où
Hérodote raconte que Mégabaze ayant envoyé sept députés
perses vers les Macédoniens, lesdits envoyés se livrèrent,
après de copieuses libations, à des agissements déplacés (1).

(1) C'est au livre cinquième des *Histoires*. Voici, du reste, la traduction latine du morceau : « Persae igitur hi legati, ubi ad Amyntam
« pervenere, intromissi petierunt ab eo regi Dario terram et aquam :
« et ille haec dedit, et ad hospitium illos vocavit, magnificeque ins-
« tructa cena peramice Persas accepit. Post cenam, bibendo cer-
« tantes, haec dixere Persae : « Hospes Macedo, nobis Persis mos est,
« quando lautam celebramus cenam, tunc etiam pellices et legitimas
« uxores adducere, et sedes illis inter nos tribuere. Tu igitur, quoniam
« benevole nos excepisti et magnificam adposuisti cenam tradisque
« regi Dario terram et aquam, nostrum sequere morem ». Ad haec
« Amyntas : « Persae, inquit, nobis quidem neutiquam hic mos est ;
« sed separantur viri a mulieribus. Sed quoniam vos, qui estis domini,
« hoc insuper postulatis, etiam hoc vobis aderit ». His dictis, mulieres
« arcessivit Amyntas. Quae ubi vocatae advenerant, ordine consede-
« runt ex adverso Persarum. Tum vero Persae, formosas conspicientes
« mulieres, Amyntae dixere, parum prudenter hoc esse factum : satius
« enim fuisse futurum prorsus non advenire mulieres quam, postquam

(134). — Lorsqu'ils se rencontrent, on peut reconnaître quelle est leur condition respective : au lieu de s'adresser une parole de salutation, ils s'embrassent de la bouche ; si l'un d'eux est d'un rang un peu moins élevé, ils s'embrassent les joues ; s'il est notablement inférieur, il se prosterne respectueusement devant l'autre. Après eux-mêmes, ceux qu'ils honorent le plus sont ceux qui habitent le plus près d'eux, ensuite les voisins de ces voisins, et cela va ainsi en décroissant selon l'éloignement : ce sont les plus éloignés qu'ils honorent le moins ; ils s'estiment les gens de beaucoup les supérieurs, pensent que les autres sont classés en valeur selon l'ordre susdit, et que les plus vils sont ceux qui demeurent au plus loin d'eux. Tant que l'empire appartint aux Mèdes, les peuples se commandaient également les uns aux autres : les Mèdes leur commandaient à eux tous, mais surtout à ceux qui étaient proches, ceux-ci à leurs voisins, ces derniers à leurs propres voisins. Les Perses observent également le même rang d'estime à l'égard des autres peuples : un peuple commande à l'autre selon la raison d'éloignement et est chargé envers lui de quelque part d'autorité.

Nous ne trouvons guère de traces dans les documents perses et baktriens de cette délégation successive, mais il est certain qu'elle s'accorde parfaitement avec la conception agglomérative dont nous parle l'Avesta ; c'est à savoir un ensemble de maisons (zend *nmâna*, n., cf. *nmânôpaiti*, chef de maison) composant un clan (z. *víç*, f., vieux perse *vith*) [*th* du *v* perse est une sifflante], un

« venissent, non adsidere sed ex adverso sedere, oculorum ipsis dolo-
« rem. Coactus igitur Amyntas adsidere eas jussit. Quod ubi fecerunt
« mulieres, Persae protinus mammas illarum contrectare, quippe
« gnaviter adpoti, non nemo etiam osculari conabatur : πειθόμενων δὲ
« τῶν γυναικῶν αὐτίκα οἱ Πέρσαι μαστῶν τε ἅπτοντο οἷα πλεύνως
« οἰνωμένοι, και κου τις καὶ φιλέειν ἐπειρᾶτο. ». — D'ailleurs, mal
leur en prit, car quelques instants après ils furent assassinés.

Un fragment de Ctésias (édit. Didot, 55, p. 79) dit : « Chez les
« Perses il n'est permis au roi de s'enivrer qu'un seul jour, celui où ils
« sacrifient à Mithra ».

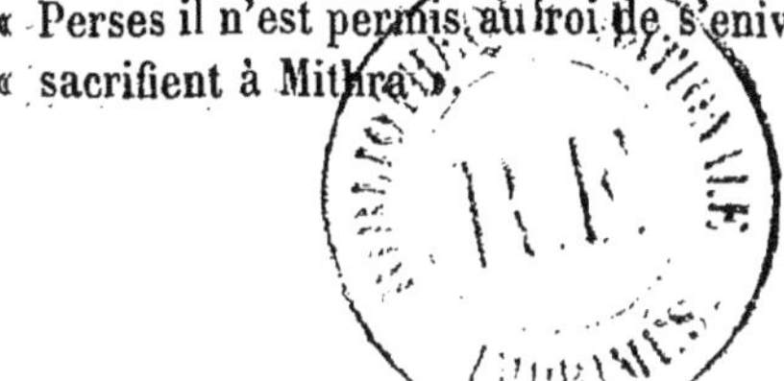

ensemble de clans composant une souche (z. *zantu*, m.),
un ensemble de souches formant une province (z. *dańhu*,
daqyu, f. [tous deux pour *dasyu;* voyez notre Grammaire
de la langue zende, p. 23], *dańhupaiti*, chef de province,
vieux perse *dahyu* [nomin. sing. *dahyâus*]). Pour plus de
détails, consultez Spiegel, Erân, p. 297. — Il y a une
assez grande analogie entre ce dernier groupement et le
procédé de domination successive dont il est parlé à la fin
du paragraphe qui nous occupe.

On sait suffisamment, du reste, que la royauté suprême
(*khsâyathiya khsâyathiyânâm*, roi des rois) n'entraînait
qu'un pouvoir relatif, celui toutefois de recueillir des
impôts par l'entremise des satrapes (consultez Spiegel,
Erân, pp. 301, 304, 348. Comparez Hérodote, III, 89 ss.).

Au sujet de leurs embrassements, voici un passage
assez curieux de Xénophon, (*Cyrop.* I, 4). Nous citons
d'après la traduction Dindorf (éd. Didot) :

« .....Fertur, cum Cyrus abiret, et a se invicem disce-
« derent, cognatos ore Cyrum, more persico, osculatos
« dimisisse; etenim hoc etiam tempore id faciunt Persae :
« virum autem quendam medum, admodum sane probum
« et honestum, longo tempore Cyri pulcritudinis amore
« fuisse perculsum ; et quum cognatos eum osculantes
« videret, substitisse : alii vero postquam abiissent, acces-
« sisse ad Cyrum dixisseque : me solum ex cognatis, Cyre,
« non cognoscis? Cui dixisse Cyrum : num et tu cognatus
« es? Maxime, respondisse illum. Idcirco utique, dixisse
« Cyrum, me defixis oculis intuebaris : videor enim hoc te
« saepius facere animadvertisse. Enimvero quum nun-
« quam non te accedere vellem, profecto, ait, me pudebat.
« At non oportuit, dixisse Cyrum, pudore te deterreri

« quum cognatus esses : simulque quum accessisset eum
« osculatus est. Et medus, accepto osculo, interrogasse
« fertur : est ne et Persis in more osculari cognatos ?
« Maxime, dixisse Cyrum, quum ex intervallo temporis
« alii alios videant, vel a se invicem aliquo discedant.
« Tempus igitur tibi fuerit, inquit medus, me iterum ut
« osculeris : jam enim, uti vides, abeo ». — Voyez encore,
au chapitre cinquième de l'*Agésilas* de Xénophon, un
passage également curieux.

D'autre part, en ce qui concerne la prosternation, on
peut se souvenir de ce qui arriva lorsque Darius obtint
l'empire au prix d'un hennissement de son cheval ; à ce
signal décisif, ses concurrents mirent pied à terre et se
prosternèrent devant lui : οἱ δὲ καταθόροντες ἀπὸ τῶν ἵππων
προςεκύνεον τὸν Δαρεῖον. (Hérod. III, 85). Au livre septième du
même auteur (136), nous voyons des Lacédémoniens refuser
au grand roi l'hommage de cette coutume, malgré les
efforts des satellites. — Dans l'épître à Nigrinos, de Lucien,
nous lisons quelques mots relatifs à cette adoration (§ 21) ;
dans le *Ploion ê euchai* du même auteur, nous rencon-
trons encore un autre témoignage (cf. Brisson, *De regio
Persarum principatu*, I, 16). Dans les *Perses* d'Eschyle, le
chœur, à l'approche d'Atossa, dit : ἀλλ' ἥδε θεῶν ἴσον ὀφθαλμοῖς |
φάος ὁρμᾶται μήτηρ βασιλέως, | βασίλεια δ'ἐμὴ, προσπίτνω ; at lu-
men deorum oculis aequale exoritur, mater regis et mea
regina : procumbo (vers 150 ss.).

(135). — De tous les hommes, ce sont les Perses qui admettent le
plus aisément les institutions étrangères. Ils portent l'habit médique,
le trouvant préférable au leur, et ils ont adopté pour la guerre la cui-
rasse égyptienne ; ils s'adonnent aux plaisirs d'où qu'ils viennent, et se
livrent également à la pédérastie d'après les leçons que leur en don-

nèrent les Grecs. Ils épousent chacun nombre de femmes légitimes, mais ils en ont encore un bien plus grand nombre d'autres.

L'avant-dernière phrase n'a rien de flatteur pour l'enseignement des Grecs; mais rien, non plus, ne nous autorise à leur attribuer en réalité ledit enseignement.

Quant au fait, il est absolument certain; nous trouvons dans l'Avesta une loi très-formelle contre la pédérastie : c'est au huitième chapitre du Vendidad (1). En ce qui touche la coexistence des femmes légitimes et des concubines, on peut se reporter à la note afférente à l'explication du paragraphe 133, ci-dessus, p. 256. — Diodore de Sicile raconte que le nombre des concubines de Darius, recueillies par Alexandre, égalait presque celui des jours de l'année (XVII, 77).

Nous trouvons le même témoignage dans Xénophon : οἱ δὲ καὶ ἁρμαμάξας γυναικῶν τῶν βελτίστων τῶν μὲν γνησίων, τῶν δὲ καὶ παλλακίδων διὰ τὸ κάλλος συμπεριαγομένων, καὶ ταύτας εἰληφότες προσῆγον. (*Cyrop.* IV, 3). — Le paragraphe 69 du livre troisième d'Hérodote fait également allusion à la multiplicité des femmes; la fille d'Otanès, Phaidymè, attend pour rechercher les oreilles du faux Smerdis que son tour soit arrivé : « Quum ad illam rediisset ordo intrandi ad magum « (per vices enim apud Persas uxores ad maritum intrant),

---

(1) Comparez le passage de Xénophon (II, 2) dont voici la traduction : « Atque hic rursum Cyrus jocari cœpit. Nam quum animadver- « tisset e praefectis manipulorum quendam sibi parasse cenae socium « et juxta se discumbere jussisse hominem et hirsutum et deformem « admodum, manipuli praefecto nominatim compellato, sic eum affatus « est : « Num et tu, Sambaula, inquit, in morem Graecorum hunc « accumbentem tibi adolescentulum, quia formosus sit, circum- « ducis ? »

« cubiculum ingressa cum eo concubuit, et postquam gravi
« somno magus sopitus erat, aures ejus palpavit ».

M. Spiegel a tâché de déterminer ce qu'il pouvait y
avoir d'éléments étrangers importés dans l'éranisme
(Avesta, I, 270; Erân, 274, et spécialement Erânische
alterthumskunde, I, 446, 484). Ce qui est incontestable,
c'est que les divinités étrangères furent plus d'une fois
honorées d'une façon spéciale par les Perses. Ainsi, nous
lisons au livre septième d'Hérodote (43) que Xerxès sacrifia τῇ Ἀθηναίῃ τῇ ἰλιάδι. Voyez également, au sixième
livre (97), comment fut respectée l'île de Délos.

(136). — La probité (ἀνδραγαθίη), après la vertu guerrière, est
estimée par eux ; ils attachent du prix à la multiplicité des enfants, et
celui qui en a eu le plus grand nombre est, chaque année, gratifié par
le roi. A leurs yeux, en effet, c'est dans le grand nombre que réside
la puissance. L'instruction des enfants commence dès la cinquième
année et dure jusqu'à la vingtième; on ne leur apprend que ces trois
choses : monter à cheval, se servir de l'arc, dire la vérité. Avant sa
cinquième année, l'enfant ne paraît pas devant son père, mais vit avec
les femmes : la raison en est que le père ne ressente pas de douleur
si son fils vient à mourir dans le cours de cette éducation.

Dans des livres éraniens plus récents, nous voyons que
le premier âge, celui de l'inconscience, s'étend jusqu'à la
septième année (1), que jusqu'à cet âge les fautes que
l'enfant commet passent au compte de ses parents, mais
que ceux-ci lui doivent enseigner, dès l'âge de cinq ans,
la distinction du bien et du mal. — Nous y voyons également que si une première femme est inféconde, il est tout
naturel d'en prendre une seconde, sans toutefois chasser

(1) Cf. Kleuker, *Anhang z. Zend-Av.*, II, trois. part., 19.

la précédente (Spiegel, *Av.*, II, p. XXXI). L'on se rappelle sans doute l'étonnement que causa à Darius le choix de cette femme qui, ayant à décider entre le salut de ses fils et le salut de son frère, s'arrêta à celui de ce dernier (Hérodote, III, 119).

Quant aux trois sujets d'instruction de la jeunesse, nous avons à nous arrêter spécialement sur le précepte relatif au respect de la vérité. Ci-dessous, au paragraphe 138, Hérodote y reviendra. Des écrits de l'éranisme plus récent condamnent le mensonge, alors même qu'il en ressortirait une chose juste; la tromperie, le manque de parole sont visés dans le difficile quatrième chapitre du Vendidad. Darius, dans l'inscription de Behistan, met également en garde contre le mensonge.

Au sujet de l'exercice de l'arc, dès les jeunes années, on peut se rappeler ces paroles de Cyrus : οὔτε γὰρ τοξεύειν ἡμῖν μαθητέον ὥσπερ τοῖς παισί, neque enim sagittandi nobis discenda est ars (Xénophon, *Cyrop.*, IV, 3); et au livre premier (2), en parlant de l'éducation des enfants : μανθάνουσι καὶ τοξεύειν καὶ ἀκοντίζειν. Voyez au même paragraphe l'éloge de l'équitation.

(137). — Assurément je loue cette institution, mais je loue aussi ce fait que le roi lui-même ne frappe pas quelqu'un de mort pour une seule faute, et qu'aucun autre Perse ne se livre envers l'un des siens, coupable d'une seule faute, à un châtiment irréparable; mais, toutes considérations pesées, si les délits l'emportent sur les bons offices, alors il donne cours à son ressentiment. Jamais, disent-ils, quelqu'un n'a tué son père ou sa mère : si cela est arrivé, on a dû découvrir, en recherchant bien, que le fait provenait d'enfants supposés ou adultérins, car il n'est pas vraisemblable, selon eux, qu'un fils mette à mort celui qui réellement est son père.

Au livre septième du même auteur, nous trouvons un bien frappant exemple des scrupules qu'apportaient les Perses dans le châtiment. C'est au paragraphe 194. Darius avait prononcé la mort d'un certain Sandôkès pris en flagrant délit de justice vendue ; au dernier moment, il le libéra en souvenir des services qu'il avait précédemment rendus.

(138). — Ce qui leur est défendu dans les actes leur est également défendu dans les paroles. C'est pour eux la chose de toutes la plus honteuse que de proférer un mensonge ; en second lieu, d'être débiteur, et cela, entre autres motifs, parce que celui qui doit est forcément amené à mentir (μάλιστα δὲ ἀνάγκην φασὶ εἶναι τὸν ὀφείλοντα καί τι ψεῦδος λέγειν). Si quelqu'un des citoyens est atteint de lèpre (λέπρην ἢ λεύκην), il ne peut entrer dans la ville et avoir commerce avec les autres Perses. La cause de ce mal est, selon eux, dans quelque faute envers le soleil. Beaucoup chassent du pays tout étranger affligé de ce mal ; ils expulsent également les colombes blanches pour le même motif. Ils n'urinent ni ne crachent dans un fleuve, n'y lavent point leurs mains, et ne souffrent pas que d'autres commettent ces actions, mais ils honorent grandement les fleuves.

Sous le paragraphe 136, nous avons vu déjà quelle était l'horreur des Éraniens pour le mensonge et la tromperie. Inutile d'y revenir ici.

Au sujet de la dette, M. Spiegel a émis la supposition que les deux premiers versets du quatrième chapitre du Vendidad traitaient de cette question, et qu'il y avait peut-être lieu de les traduire ainsi : « Celui qui ne paie pas « une dette à qui a prêté est un voleur de prêt, en tant « qu'il prend violemment le prêt » ; cette version est celle de M. Haug (*Essays...*, p. 208). M. Roth propose : « Celui qui ne rend pas hommage à qui lui en témoi-

« gnait est un voleur d'hommage, en tant.... etc. ». La
traduction en huzvâresh porte clairement : « Celui qui ne se
« rend pas à la prière qu'un homme lui adresse.... etc. » (1).
Évidemment la difficulté, pour être tranchée, demande de
nouvelles informations et la découverte d'autres moyens de
renseignements. En tous cas, les interprétations diverses
sont admissibles les unes et les autres sous le rapport de
la signification. Celle de M. Haug, notamment, s'accorde en
effet avec le passage grec qui nous occupe.

La fin du paragraphe nous ramène aux impuretés com-
mises en urinant, en crachant, etc. (Voyez notamment au
xviiie chapitre du Vendidad, verset 91.) (2). — Quant à la
vénération des eaux, il est bien connu qu'elle constituait
un point capital de la religion éranienne. (Voyez les indications données plus haut sous le paragraphe 131.)

Concernant les lépreux, nous avons également à relever
l'assertion de Ctésias : πισάγας δὲ λέγεται παρὰ Πέρσαις ὁ λεπρὸς,
καὶ ἔστι πᾶσιν ἀπρόιτος : le lépreux est appelé « pisagas »
chez les Perses, et personne ne peut l'approcher. — Cf.
Brisson, *De regio Persar. princip.*, l. ii, § 180; Kleuker,
Anhang zum Zend-Av., II, trois. part., 20; Rhode, *Die
heilige sage*, etc., 501; Hammer : « Quand Hérodote, dit
« ce dernier, raconte que les Perses avaient en horreur
« les pigeons blancs, l'ensemble du passage nous laisse

---

(1) Le précepte de bienveillance était soutenu chez les Éraniens par
l'horreur pour l'ingratitude. Un des fragments de Ctésias (48, de l'édit.
Didot) s'explique formellement à cet égard. Voyez encore Ammien
Marcellin, xxiii, et Brisson, *De regio Persar. princip.*, ii, 96, p. 423 de
l'édit. de 1710.

(2) Comparez Xénophon : αἰσχρὸν μὲν γὰρ ἔτι καὶ νῦν ἐστι Πέρσαις καὶ
τὸ ἀποπτύειν καὶ τὸ ἀπομύττεσθαι...., i, 2, *in fine*.

« entendre qu'il n'est question que de ceux atteints de
« lèpre, car, en effet, les pigeons y sont sujets, et les
« Perses haïssaient et évitaient la lèpre comme une
« maladie venue d'Ahriman », *Jahrbücher der literatur*
(Wien), IX, 18. Je n'ai pu avoir sous les yeux Sprengel,
Apolog. Hippocrat. (I, 259?).

(139). — Il faut encore, chez les Perses, remarquer ceci qui leur
échappe, mais non pas à nous : leurs noms, qui répondent à leur
apparence corporelle (ἐόντα ὁμοῖα τοῖσι σώμασι) et à leur magnificence
(μεγαλοπρεπείη), se terminent tous par cette lettre que les Doriens
appellent « san », les Ioniens « sigma ». Cherchez bien, et vous verrez
que tous les noms perses, sans exception, finissent ainsi.

Voilà un passage assez singulier. Il est manifeste qu'Hérodote ne s'attache ici qu'à la reddition grecque des noms
éraniens (au nominatif singulier), et non à ces noms eux-
mêmes : ἀρταξέρξης, κυαξάρης, ἀστυάγης, φεραύλας (Xénophon,
Cyrop., II, 3), τιγράνης (ἀρμενίου, III, 1), etc., etc. Nous ne
devons pas, en effet, perdre de vue que les noms perses
en *a* ne prennent pas de *s* au nominatif singulier : *manâ
pitâ vistâçpa vistâçpahyâ arsâma arsâmahyâ pitâ
ariyârâmna*, pater meus Hystaspes [est], Hystasp. [quidem
fuit] Arsames pater, Arsam. pater [fuit] Ariyaramnes.
Les Grecs arrangèrent toute cette sorte de noms d'après
leurs propres procédés, de là les nominatifs suivants :
ὑστάσπης = *vistâçpa*, ὑδάρνης = *vidarna*, καμβύσης = *kabujiya*,
μεγάβυζος = *bagabukhsa*, ὀτάνης = *utâna*, σμέρδης = *bardiya*,
ἰνταφέρνης = *vindaphrâna*, γωβρύας = *gaubaruva*, μαρδόνιος =
marduniya, etc., etc. Quant aux noms en *i* et en *u*, ils
admettent parfaitement le *s* du nominatif singulier ; de là :
δαριαύης, δαρεῖος = *dârayavus*, φραόρτης = *phravartis*, etc.

L'étonnement d'Hérodote doit s'expliquer, nous semble-t-il, par l'absence de noms à consonne thématique terminale (tels, par exemple, que les noms grecs [nomin.] φιλήμων, φιλοποίμην, πυγμαλίων, etc.).

(140). — Voilà ce que je puis dire des Perses à bon escient. On rapporte, en tant que chose occulte et non suffisamment manifeste, ce qui a trait au mort; c'est à savoir que le cadavre d'un Perse n'est pas enseveli avant d'avoir été dilacéré par un chien ou un oiseau (πρὶν ἂν ὑπ' ὄρνιθος ἢ κυνὸς ἑλκυςθῇ). Je sais assurément que telle est la pratique des mages : elle est ostensible. Ensuite ils enterrent le corps enduit de cire. Les mages diffèrent grandement des autres hommes et des prêtres égyptiens. Ces derniers, en effet, pensent que l'on ne peut rien tuer de vivant, si ce n'est pour l'immoler aux dieux ; les mages, par contre, ne respectent que la vie des hommes et celle des chiens ; ils appliquent même leur zèle à la destruction des fourmis et serpents (ὄφις) et des autres (τἆλλα) reptiles et oiseaux....

Tout n'est pas satisfaisant dans ces paroles d'Hérodote, qu'un cadavre ne peut être enseveli qu'après avoir été dilacéré par un oiseau ou un chien, mais elles contiennent pourtant un fond de vérité. Il se peut que dans l'éranisme moderne les morts soient quelque temps gardés dans les maisons; mais, comme le fait justement observer M. Spiegel (II-XXXIII), telle n'était pas la coutume antique, car, dans les cinquième et huitième chapitres du Vendidad, nous voyons les dispositions à prendre en cas de mort dans l'intérieur des maisons lorsque le temps est trop mauvais. Quant aux oiseaux et aux chiens dilacérateurs, l'Avesta nous en entretient également.

Voici, au surplus, un passage du huitième chapitre, traduit de la version de M. Spiegel : « O créateur, lorsque « dans cette demeure mazdéenne meurt un chien ou un

« homme, et s'il pleut, s'il neige, ou s'il souffle un vent
« violent, ou que l'obscurité s'est appesantie, et que ce
« jour se trouvent empêchés le travail et la force (1),
« comment doivent agir ces Mazdéens? Ahura Mazdâ
« répondit alors : Là où dans cette demeure mazdéenne
« la terre est la plus pure et la plus sèche...; là, ces
« Mazdéens doivent creuser une fosse dans la terre....; ils
« doivent y déposer le corps inanimé deux nuits, trois
« nuits ou un mois, jusqu'à ce que les oiseaux prennent
« leur essor, les arbres grandissent, les méchants se
« retirent au loin et le vent sèche la terre (2). Lorsque
« les oiseaux prennent leur essor, que les arbres gran-
« dissent, que les méchants (3) fuient, que le vent sèche
« la terre, alors les Mazdéens doivent tailler (4) cette de-
« meure. Deux hommes purs et forts doivent le prendre...;
« ils doivent le déposer sur cette terre, là où il sera le
« plus en vue aux chiens carnivores et aux oiseaux carni-
« vores.... » Plus loin, au cent quinzième verset, nous
lisons : « Lorsque ce cadavre a déjà été rongé par les
« chiens carnivores ou les oiseaux carnivores.... », puis
suivent immédiatement de nombreux préceptes de purification. Il est regrettable que l'Avesta ne nous donne pas de
claires notions sur ce qui devait s'ensuivre. — Au surplus,
les auteurs anciens font maintes fois allusion à l'enterrement

(1) Ou encore, d'après le Commentaire du même auteur, « ....et que
« cela arrive un jour où les animaux et les hommes sont empêchés ».
(1, 241.)
(2) Le traducteur pense qu'il est fait allusion ici au retour du prin-
temps. (*Comment.*, 1, 165.)
(3) Les démons?
(4) Évidemment ouvrir, c'est-à-dire procéder à l'exhumation.

des Perses : « Le Grec les incinère, le Perse les. ensevelit, « le Scythe les mange ». (Lucien, *Peri penthous*, 21.) Arrien décrit au long la sépulture de Cyrus (*Anab. Alex.*, VI, 29, etc.). Cf. Brisson, *De regio Persarum principatu*, II, 252 ; Rhode, *Die heilige sage und das gesammte religionssystem der alten Baktrer, Meder und Perser* (1820), 489 ss.

« Si ce n'est le chien et l'homme ». L'Avesta a de fort curieux passages relativement à la vénération éranique des chiens. Celui qui les frappe est gravement coupable (Vendidad, chap. XIII), de même celui qui leur donne une mauvaise nourriture *(ibid.)* ; leur ensevelissement est fixé d'après des règles précises (VIII). Ahura Mazdà lui-même, au treizième chapitre du même livre, fait à Zarathustra un magnifique éloge du chien.

Enfin, ce que dit Hérodote du zèle spécial apporté par les mages dans la destruction de certains animaux, notamment des fourmis, est pleinement confirmé par l'Avesta : « Ils doivent tuer les bêtes nuisibles, deux cents fourmis... » (Vendidad, XVI, 28) ; « Qu'il tue dix mille serpents... dix « mille lézards... dix mille fourmis... dix mille rats... « dix mille cousins... » (XIV, 10 ss.) Cf. Kleuker, *Anhang zum Zend-Av.*, II, trois. part., 22.

Les indications que nous venons de donner pourraient sans doute être bien développées et complétées. Nous pensons toutefois que, telles quelles, elles ont quelque intérêt pour ceux d'entre les lecteurs d'Hérodote qui sont peu familiarisés avec l'antiquité éranienne. L'on trouvera, au surplus, un certain nombre d'autres renseignements dans la dissertation de M. Ad. Rapp, ci-dessus indiquée.

www.ingramcontent.com/pod-product-compliance
Lightning Source LLC
Chambersburg PA
CBHW051343050726

47595CB00006B/2388